Ich küsse dich, bis ich nicht mehr küssen kann

Von Frank Kralemann

Buchbeschreibung:

In diesem Buch "Ich küsse dich, bis ich nicht mehr küssen kann" habe ich die Gedichte der letzten Jahre gesammelt. Sie handeln von meinem Leben, Lieben , Begehren und von der Endlichkeit.

Über den Autor:

Frank Kralemann hat schon viele Bücher geschrieben und veröffentlicht. Erstes Buch in 2006. Zuletzt hat er einige Gedichtbände herausgebracht. Frank Kralemann ist mehrfacher Vater und wohnt in der Nähe von Bielefeld.

Ich küsse dich, bis ich nicht mehr küssen kann

Von Frank Kralemann

1. Auflage, 2022

Herstellung und Verlag

BoD - Books on Demand

Norderstedt

ISBN: 9783756234943

Ich küsse dich, bis ich nicht mehr küssen kann

Von Frank Kralemann

Ein Gedicht ist ein Feld

Vom Autor bestellt

In den Sätzen legt er die Saat

Die im Herzen des Lesers wächst

Ich habe Liebe gesät

Die Ernte wird gut

Liebe kann man nicht erklären
Es ist eine Geschichte
Die von 2 Herzen geschrieben wird
Wobei das Papier unser Leben ist
Die Tinte besteht aus Zärtlichkeit
Liebe ist ewig

Liebe ist ein Stück für zwei

Indem man eins wird

Nicht weil einer stärker ist

Sondern

Weil man durch die Brille der Liebe sieht

Liebe verändert alles

Manchmal ist nicht immer

Manchmal ist mehr als selten

Weniger als oft

Manchmal ist eben

Manches Mal

Warum ich dich so liebe

Das Papier würde nicht reichen

Alles niederzuschreiben

Zwei Gründe in der Kürze

Eins, Du bist wunderschön

Zwei, mein Herz gehört Dir

In allem bist du

Wenn ich zum Himmel schaue
Sehe ich eine Herzwolke
Bäume haben ein Herz als Krone
Sogar in dem Schaum auf meinem
Kaffee ist ein Herz
In allem ist die Liebe
In allem bist Du

Ich warte auf dich
Wie die Nacht auf den Mond
Sie kann auch ohne
Aber mit ist sie schöner
Wie der trockene Acker
Auf einen Sommerregen
Eine Blume auf die Biene
Ich warte
Solange ich warte, habe ich Hoffnung
Das zählt

Liebe braucht ständig Resonanz
Sie will schwingen
Sonst stirbt Sie langsam an Schwindsucht
Manchmal stirbt Sie schnell
Wenn die Liebe verraten wird

Kennst du das
Wenn die Dunkelheit die Wärme
Des vorangegangenen Tages aufgesaugt hat
Tränen der Nacht
Als Tau an den Blumen Glitzern
Der Tag grau und kalt beginnt
Das Auge blinzelt der roten Sonne entgegen
Herbst kommt langsam
Ganz bestimmt

Manchmal, wenn ich neben dir bin
Sind wir uns ganz nah
Wenn wir reden
Wenn wir schweigen
Verbunden durch verstehen
Annehmen, einlassen
Liebe
Freu mich auf dich

Worte sind Bilder
Die mein Herz mit
Feinem Pinsel malt
Die Sprache nutzt
Um dass, was es fühlt
In ein Bild zu kleiden
Das dein Herz berührt
Meine Sehnsucht spürt

Es war einmal ein Mäuschen

Sein Name war Kläuschen

Jetzt heißt er Klaus

Ist eine Maus

Die Moral von der Geschicht

Es dauert etwas

Dann ist Mäuschen, Maus

Krebs ist eine dunkle Wolke
Die dich ab Diagnose begleitet
Sie ist immer da
Manchmal vergisst du Sie
Sie verlässt dich nicht
Irgendwann
Ist Sie nicht mehr da
Du leider auch nicht
Vielleicht nicht wegen ihr
Dann war Sie dabei

Schatten

Schatten fällt hinter mir
Wenn ich in die Sonne gehe
Er ist dort, wo ich eben war
Vergangen
Geh in die Sonne
Zukunft ist offen
Will gestaltet werden
Dein Turn

Tot und Leben

Schwarz und weiß

Die Welt besteht aus Gegensätzen

Es gibt nicht das Eine

Ohne das Andere

Wir müssen das aushalten

Ohne zu verflachen

Die Trauer zulassen

Freude leben

Beides begleitet uns

Leben findet nicht in der Mitte statt

An den Rändern

Kreativität braucht einen Raum

Langeweile fördert

Ungeduld hindert

Liebe ist Dünger

Loslassen Bedingung

Sie ist eine Perle

Du musst viele Muscheln öffnen

Dranbleiben führt zum Ziel

Üben

Eis essen ist toll

Wie es im Mund

Die Konsistenz wechselt

Dabei seinen Geschmack entfaltet

Wenn du dabei bist

Verdoppelt sich der Genuss

Das Auge isst mit

Dämmerlicht

Ich mag die Dämmerung
Der Tag geht
Schatten werden länger
Die Sonne schickt
Einen letzten dunkelroten Gruß
Dann beginnt die Nacht
Sie ist ein Versprechen
Das eingelöst werden will
Immer wieder
Die letzte Nacht hat keinen Morgen

Leben ist Sein

Es bringt dich durch die Zeit

Wie ein Zug

Leben an sich, ist nichts Besonderes

Es trägt dich

Mach was draus

Zu einem Fest

Ein Ereignis

Feier es

Herzen können nicht rechnen

Herzen können nicht küssen

Herzen können lieben

Liebe macht den Unterschied

Zwischen

Existenz und Erlösung

Du tust mir gut

Unsere Liebe ist wie ein

Ewiges Feuer

Mal brennt es lichterloh

Dann wieder auf kleiner Flamme

Wärmt es die Seele

Deine Blicke necken mich

Deine Fürsorge berührt mein Herz

So schön deine Liebe zu haben

Pusteblume

Eine weiße Kugel Watte

Aus tausend kleinen Pusteblumen

Die vom Wind geküsst

Durch die Luft gefahren

Neue Heimat finden

Wieder werden, was sie waren

Löwenzahn

Wolken ziehen am Himmelsrand
Manche gleichen Bildern
Gemalt im Sand am Strand
Mal sehe ich ein Wolkenschloß
Jetzt ein großes Herz
Dann spüre ich dich
Deine kleine Hand

Was ist das für ein Gefühl
Wenn einem der Boden
Unter den Füßen wegbricht
Was denkt man
Kurz vor dem Aufschlag
Angst, Erstarren, Panik
Oder Ruhe
Anhalten
Du fällst nicht
Vermeide Gruben

Wenn ich nur vier Worte sagen könnte

Um dann für immer zu schweigen

Wäre das:

Ich liebe dich

Immer

Lieben kann man nicht alleine

Liebe ist kein Solospiel

Liebe gibt es nur mit dir

Liebe macht aus uns ein wir

Liebe ist gekommen,um zu bleiben

Liebe hat drei Worte

Ich liebe dich

Leben passiert

Während Du am Fenster sitzt

Läuft deine Zeit ab

Du merkst es nicht

Weil es so langsam passiert

Wenn du in dich hörst

Merkst du, wie dein Herz schlägt

Jeder Schlag ist einer von vielen

Doch

Endlichkeit

Das Ende der Zahlen ist dein Ende

Denk dran

Wenn du am Fenster sitzt

Denken hilft nicht immer

Manchmal muss man in den Schmerz gehen

Schmerz sein

Um den Verlust zu spüren

Denn Leben bedeutet Verlust

Von allem

Familie, Freunde, Möglichkeiten

Gesundheit, Jugend, Kraft

Zuletzt

Du selbst

Liebe hilft

Der Himmel ein hell-blaues oben
Das Auge ist voll davon
Doch was ist dahinter
Der Grund
Was ist der Raum
Leere
Es ist etwas Magisches um uns
Wir können es nicht sehen
Wir sind ein Teil davon
Ein Spiel
Leben ist nicht etwas, dass dem Tod
Entgegen läuft
Sondern viel mehr
Liebe, Wachsen, Zärtlichkeit
Hoffnung, Schönheit, Magie

Zukunft hat zwei Bedeutungen
Einmal trennt Sie das morgen
Vom heute
Doch in Wirklichkeit ist Zukunft
Ein Sehnsuchtsort
Ein Ort, wo unsere Träume wirklich sind
Der uns Hoffnung gibt
Eine Brücke die uns vom Schmerz des Jetzt
In ein besseres Leben bringt
Diese Zukunft braucht Hoffnung

Die Welt ist schön
Doch Schönheit bietet sich nicht an
Sie will entdeckt werden
Ich habe es leicht
Wenn ich dich anschaue
Habe ich die Schönheit gefunden
Du lachst
Viele Küsse auf deinen Erdbeermund

Du wundervolle Frau
Dich zu sehen, zaubert
Immer ein Lächeln in mein Gesicht
Zusammen mit dir werden Nebeltage
Zu Orten der Freude und Berührungen
Wieder getrennt ist es
Als hätte jemand die Heizung
In meinem Herz ausgestellt
Kalt

Wie es ist eine Erdbeere zu essen
Kann man nicht beschreiben
Man muss es tun
Deine kleinen Küsse kann ich
Auch nicht beschreiben
Heiß, scharf, wollen wiederholt werden
Versprechen mehr
Bald wird wieder geküsst

Ich habe dich gewollt

So wie du bist

Du bist nicht einfach in mein Leben

Reingerutscht

Liebe ist auch eine Entscheidung

Ich küsse dich

Bis ich nicht mehr küssen kann

Ich halte dich, bis ich nicht mehr halten kann

Ich liebe dich

Für immer